Rolf Krenzer/Martin Göth:
Wikinger-Lieder

10 wunderschöne neue Wikinger-Lieder für Kinder zum Mitsingen, Tanzen und Bewegen

Das Liederbuch mit allen Texten, Noten und Gitarrengriffen zum Mitsingen und Mitspielen

Gesammelt und herausgegeben von Stephen Janetzko

Copyright © 2015 Verlag Stephen Janetzko, Erlangen
www.kinderliederhits.de
Alle Lieder verlegt bei Edition SEEBÄR-Musik Stephen Janetzko, Erlangen
Online-Shop im Internet unter **www.kinderlieder-shop.de**
Coverillus: Stephen Janetzko Lizenzgeber
Covergrafik, Notensatz, grafische Vorbereitung und Idee: Stephen Janetzko
All rights reserved.

ISBN-10: 3957220823

ISBN-13: 978-3-95722-082-0

Inhaltsverzeichnis

Lieder: **Seite:**

Lied	Seite
Das Wikinger-Liebeslied	4
Lied vom langen Winter	7
Wintersonnenwende	8
Wer hilft mit das Schiff zu bauen?	9
Ballade vom Wikinger Hardeknud	10
Olaf und sein pfiffiger Hund	12
Setzt die Segel	14
Das Ruderlied	16
Ein König baut ein großes Schiff	17
Mittsommernacht	18

Das Wikinger-Liebeslied

Text/Melodie: Rolf Krenzer

1. Ein Wikinger, so groß wie du, der ruderte nach Haithabu und sah am Tor ein Mädchen stehn. Das Mädchen, das war wunderschön.

2. Er sprach: „Ich bin ja so allein!
Ach, schönes Mädchen, wärst du mein!
Ich schenk dir einen Runenstein
und ritz dir deinen Namen rein!"

3. Der Wiking war ein schöner Mann.
Man sah's ihm an den Muskeln an.
Das Mädchen drückt voll Liebeslust
sich fest an seine Heldenbrust.

4. Am Abend musste er zurück.
Zu Ende war das Liebesglück.
Es winkte ihm noch mit der Hand,
bis er am Horizont verschwand.

5. Ganz traurig wankte es nach Haus
und weint' sich fast die Augen aus
und träumte von dem Stelldichein,
den Muskeln und dem Runenstein.

6. Ein Wikinger so groß wie du,
der kam zurück nach Haithabu
und sah am Tor ein Mädchen stehn.
Das Mädchen, das war wunderschön.

7. Er sprach: „Ich bin ja so allein....... usw.

Spielanregung:
Es macht besonderen Spaß, wenn man mit den Händen und dem ganzen Körper zeigt und darstellt, was in dem Lied erzählt wird.

1. Ein Wikinger
Beide Hände über den Kopf halten, so dass sich die Fingerspitzen berühren und so den Wikingerhelm darstellen.
so groß wie du,
Mit der Hand die Größe andeuten und dann auf den deuten, der gegenüber sitzt.
der ruderte nach Haithabu
Mit beiden Armen rudern.
und sah am Tor ein Mädchen stehn.
Hand spähend über den Augen.
Das Mädchen, das war wunderschön.
Mit den Händen die Formen des Mädchens beschreiben.

2. Er sprach: „Ich bin ja so allein!
Hände traurig vor die Brust halten.
Ach, schönes Mädchen, wärst du mein!
Beide Arme dem Mädchen entgegenstrecken.
Ich schenk' dir einen Runenstein
Mit beiden Händen die Umrisse eines riesigen Runensteins zeigen
und ritz' dir deinen Namen rein!"
Mit der Hand kräftig ritzen.

3. Der Wiking war ein schöner Mann.
Wie ein Body-Building-Mann die Hände halten und sich leicht von links nach rechts drehen.
Man sah's ihm an den Muskeln an.
Die Muskeln zeigen,
Das Mädchen drückt voll Liebeslust
Die Arme weit ausbreiten
sich fest an seine Heldenbrust.
Und dann sich selbst umarmen.

4. Am Abend musste er zurück.
Beide Arme so weit wie möglich nach vorn,
Zu Ende war das Liebesglück.
Mit der flachen Hand über den Hals fahren und das Ende andeuten.
Es winkte ihm noch mit der Hand,
Winken.
bis er am Horizont verwand.
Von rechts nach links mit einem ausgestreckten Finger den Horizont abfahren.

5. Ganz traurig wankte es nach Haus
Traurig hin und her schwanken.
und weint' sich fast die Augen aus
Weinend beide Hände vor die Augen halten.
und träumte von dem Stelldichein,
Die Hände nach oben ausstrecken.
den Muskeln und dem Runenstein.
Muskeln und Runenstein noch einmal zeigen.

6. Ein Wikinger
Beide Hände über den Kopf halten, so dass sich die Fingerspitzen berühren und so den Wikingerhelm darstellen.
so groß wie du,
Mit der Hand die Größe andeuten und dann auf den deuten, der gegenüber sitzt.
der kam zurück nach Haithabu
Mit beiden Armen rudern.
und sah am Tor ein Mädchen stehn.
Hand spähend über den Augen.
Das Mädchen, das war wunderschön.
Mit den Händen die Formen des Mädchens beschreiben.

7. Er sprach: „Ich bin ja so allein!
Hände traurig vor die Brust halten.

Usw. usf. ...
Und dann geht es immer weiter und immer wieder von vorn los, solange Du Lust hast!

Lied vom langen Winter

Text: Rolf Krenzer/Musik: Martin Göth

2. Dunkel ist's im Winter.
Weil das keiner mag,
warten alle Kinder auf den hellen Tag.
Und sie fragen bang:
„Dauert denn der Winter noch so lang, lang, lang?
Dauert denn der Winter noch so lang, lang, lang?"

3. Lodern hell die Flammen,
und im Feuerschein
wolln wir uns zusammen auf den Sommer freun.
Und wir fragen bang:
„Dauert denn der Winter noch so lang, lang, lang?
Dauert denn der Winter noch so lang, lang, lang?"

4. Auch der längste Winter
muss einmal vergehn,
und es lässt auf einmal sich die Sonne sehn.
Keinem ist mehr bang,
denn der helle Sommer dauert lang, lang, lang.
Denn der helle Sommer dauert lang, lang, lang.

Wintersonnenwende

Text: Rolf Krenzer/Musik: Martin Göth

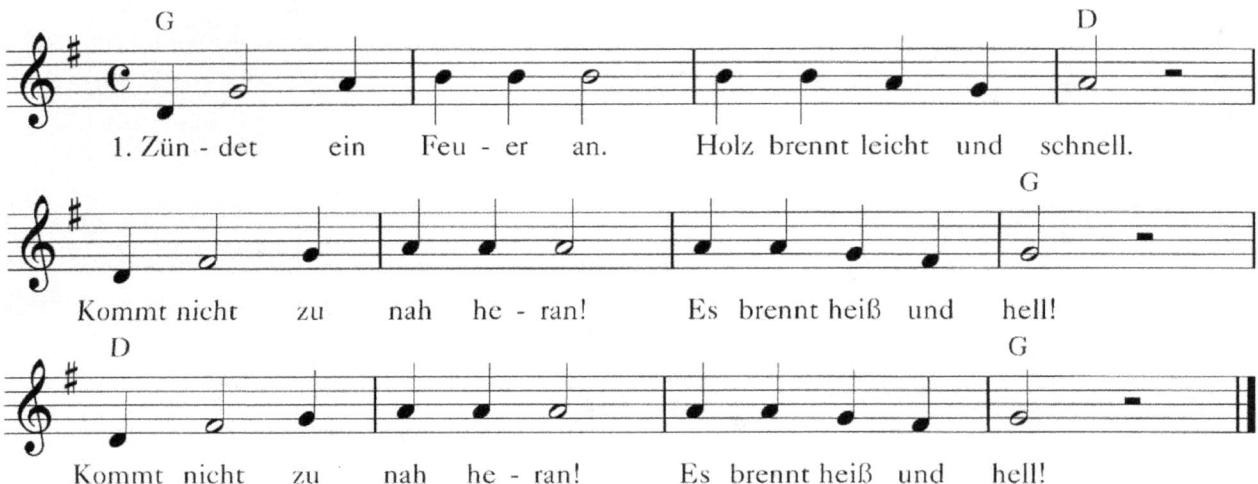

1. Zündet ein Feuer an. Holz brennt leicht und schnell.
Kommt nicht zu nah heran! Es brennt heiß und hell!
Kommt nicht zu nah heran! Es brennt heiß und hell!

2. Seht, durch die Dunkelheit
leuchtet rot die Glut.
Kommt jetzt nur nah heran,
denn das tut so gut.
Kommt jetzt nur nah heran,
denn das tut so gut.

3. Spürt ihr's, das Feuer macht
es in uns ganz warm.
Froh stehn wir in der Nacht,
stehen Arm in Arm.
Froh stehn wir in der Nacht,
stehen Arm in Arm.

4. Geht dann das Feuer aus,
alles ist verbrannt.
Still gehen wir nach Haus,
gehen Hand in Hand.
Still gehen wir nach Haus,
gehen Hand in Hand.

Wer hilft mit, das Schiff zu bauen?

Text: Rolf Krenzer/Musik: Martin Göth

1. Wer hilft mit, das Schiff zu bau-en? Al-le pa-cken an.
Hel-fen al-le mit beim Bau-en, geht es gut vo-ran.
Bau-en wir tag-aus, tag-ein, wird das Schiff bald fer-tig sein.

2. Wolln wir große Bäume fällen dann mit Axt und Beil.
Alle packen an beim Fällen, jeder schafft sein Teil.
Fällen wir tagaus, tagein, werden wir bald fertig sein.

3. Hei, wir schlagen mit dem Breitbeil Planken aus dem Holz.
Bald wird unser Schiff uns tragen. Darauf sind wir stolz.
Schlagen wir tagaus, tagein, wird das Schiff bald fertig sein.

4. Kommt nun her und bringt die Ruder. Rudern wir das Schiff,
dann hält jedermann sein Ruder immer fest im Griff.
Bringt ihr alles hier herein, wird das Schiff bald fertig sein.

5. Lasst uns nun das Segel setzen an dem hohen Mast!
Wenn wir erst das Segel setzen, heißt es: Aufgepasst!
Bauten wir tagaus, tagein, können wir uns heute freun!

6. Feiert mit nach alter Weise! Esst die Schüsseln leer!
Morgen früh beginnt die Reise übers weite Meer.
Und dann fährt jahrein, jahraus unser Schiff aufs Meer hinaus.

Spielanregung: Zu den einzelnen Strophen können wir zeigen und darstellen, was alles zu tun ist, bis das Schiff fertig ist.

Ballade vom Wikinger Hardeknud

Text: Rolf Krenzer/Musik: Martin Göth

1. Der wilde Wiking Hardeknud war stets voll Zorn und wilder Wut und sah gar grausig aus. Wer ihn nur sah, der nahm vor ihm vor Angst und Schreck Reißaus.

2. Rot war das Haar auf seinem Kopf,
rot war sein Bart und rot sein Zopf,
gefährlich war sein Blick.
Wer auf ihn traf, der lief davon
und kam nie mehr zurück.

3. Sein Kampfbeil trug er stets bei sich
und fuchtelte ganz fürchterlich
mit diesem Beil herum.
Da fiel so mancher starke Mann
aus Angst vor ihm fast um.

4. Vom ganzen großen Wikingheer,
da fürchtete man keinen mehr
als Wiking Hardeknud.
Bei jedem Raubzug raubte er
das meiste Hab und Gut.

5. Einst kam er in ein Haus hinein
und trat vor Wut die Tür gleich ein
und brüllte durch das Haus:
„Geschmeide, Gold und Edelstein!
Rückt alles gleich heraus!"

6. Leer war das Haus. Er sah sich um.
Verzeiht, der Mann war ziemlich dumm.
Den **Spiegel** an der Wand,
den hat der Wiking Hardeknud
bisher noch nicht gekannt.

7. So stürmt er auf den Spiegel los.
Ein fremder Wiking - wild und groß
mit rotem Bart und Zopf -
der fuchtelt mit dem Kampfbeil rum
und zielt auf seinen Kopf.

8. Weil er sich selbst noch nie gesehn,
drum konnte er das nicht verstehn.
Er rannte fort wie toll
und machte sich zu Spott und Hohn
noch fast die Hosen voll.

9. Der wilde Wiking Hardeknud
verlor aus Angst all seine Wut.
Ganz still fuhr er nach Haus
und zog mit keinem Schiff und Heer
mehr in den Kampf hinaus.

10. Ach, möchte es manch wildem Mann,
fängt er so schnell zu kämpfen an,
so wie es hier geschehn,
grad wie dem wilden Hardeknud,
dem Wikinger, ergehn!

Olaf und sein pfiffiger Hund

Text: Rolf Krenzer/Musik: Martin Göth

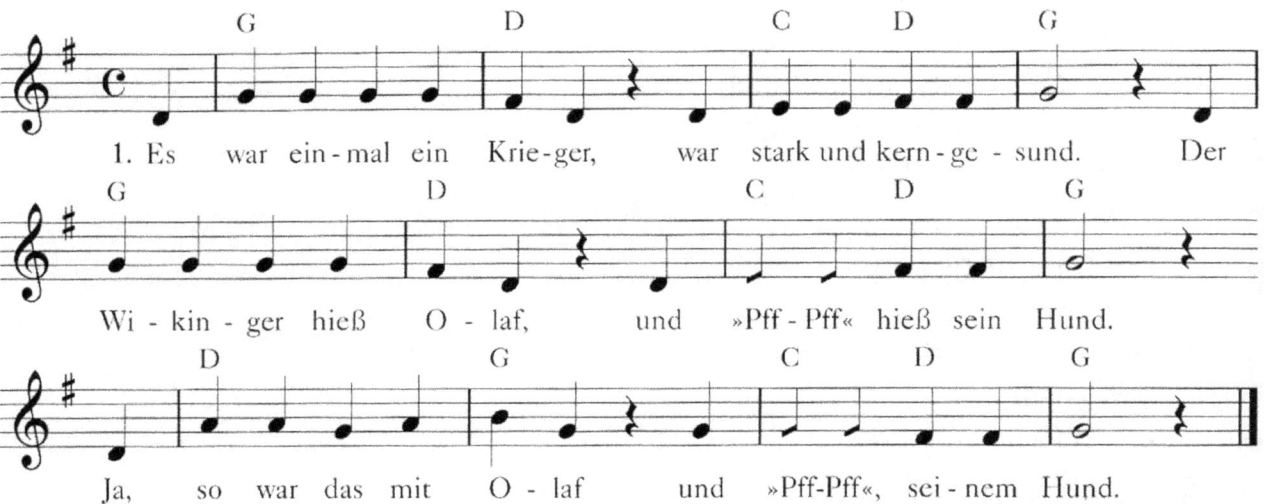

1. Es war einmal ein Krieger, war stark und kerngesund. Der Wikinger hieß Olaf, und »Pff-Pff« hieß sein Hund. Ja, so war das mit Olaf und »Pff-Pff«, seinem Hund.

(Der Name wird immer gepfiffen: zwei Pfiffe)

2. Und fuhren alle Krieger mit ihren Schiffen fort,
dann musste Olafs „Pff-Pff"
natürlich mit an Bord.
Ja, so war das mit Olaf und „Pff-Pff", seinem Hund.

3. Er schlief in einer Kiste, auf der der Olaf saß,
wenn er das Ruder spannte
und auch, wenn er was aß.
Ja, so war das mit Olaf und „Pff-Pff", seinem Hund.

4. Er schnitt die schönsten Happen mit seinem Dolch entzwei.
Und pfiff er zweimal „Pff-Pff",
kam gleich sein Hund herbei.
Ja, so war das mit Olaf und „Pff-Pff", seinem Hund.

5. Doch gingen sie an Land dann, kam es zur großen Schlacht,
dann hat sich dieser Schlingel
gleich aus dem Staub gemacht.
Ja, so war das mit Olaf und „Pff-Pff", seinem Hund.

6. „Pff-Pff, mach keinen Mist jetzt!", fing Olaf an zu schrein.
Er lief, so schnell er konnte,
dem Hund gleich hinterdrein.
Ja, so war das mit Olaf und „Pff-Pff", seinem Hund.

7. „Wart's ab! Wenn ich dich kriege, ich schlag dich windelweich!"
So hört man in der Ferne
noch lange sein Gekreisch'.
Ja, so war das mit Olaf und „Pff-Pff", seinem Hund.

8. Das Kriegsheer zog nach Süden. Der Hund lief stracks nach Nord.
Als Olaf hinterher kam,
da waren alle fort.
Ja, so war das mit Olaf und „Pff-Pff", seinem Hund.

9. So konnte er nur warten beim Schiff mit seinem Hund.
Verletzte gab`s und Tote.
Nur Olaf blieb gesund.
Ja, so war das mit Olaf und „Pff-Pff", seinem Hund.

10. Das ganze Heer geschlagen. Dahin war aller Mut.
Und Olaf sagte höflich,
wie leid ihm alles tut.
Ja, so war das mit Olaf und „Pff-Pff", seinem Hund.

11. Er schimpfte auf den „Pff-Pff" und schrie so lau wie nie:
„Am Kampf hat mich gehindert
nur dieses dumme Vieh!"
Ja, so war das mit Olaf und „Pff-Pff", seinem Hund.

12. Du dummer, schlimmer Köter!" so sprach er laut und grell
und streichelte ganz zärtlich
und liebevoll sein Fell.
Ja, so war das mit Olaf und „Pff-Pff", seinem Hund.

13. So blieb in allen Kämpfen **ein** Wikinger gesund.
Der Wikinger hieß Olaf
und „Pff-Pff" hieß sein Hund.
Ja, so war das mit Olaf und „Pff-Pff", seinem Hund.

Spielanregung:
Nach jeder zweiten oder dritten Strophe kann außerdem einmal kräftig gepfiffen werden.

Setzt die Segel

Text: Rolf Krenzer/Musik: Martin Göth

1. Es war ein Schiff so schwer beladen
und steuert' übers Meer nach Nord'
mit feinstem Gold und Silberschätzen.
Viel teurer Schmuck war auch an Bord.

Refrain:
Setzt die Segel! Rudert, Männer!
Denn die Fracht ist schwer!
Und die Fahrt geht weiter übers weite, weite Meer.
„HE-HO-HE-HO-HE!", schallt es über See!
„HE-HO-HE-HO-HE!", schallt es über See!

2. Sie hatten an den fremden Küsten
so viele Schätze abgestaubt.
Sie hatten alles mitgenommen
und viele Menschen ausgeraubt.
Refrain.

3. Es fuhr ein stolzes Schiff nach Norden.
Zurück zur Heimat sollt es gehen.
Da brach ein Unwetter vom Himmel,
ein wilder Sturm fing an zu wehn.
Refrain.

4. Das Schiff war viel zu schwer beladen
und konnt' dem Sturm nicht widerstehn.
Wird nun das Schiff in Sturm und Wellen
auf seiner Heimfahrt untergehn?
Refrain.

5. Zu schwer das Schiff! „Eh' wir ertrinken,
werft lieber alle Schätze fort!"
Da warfen sie mit vollen Händen,
was sie geraubt, nun über Bord.
Refrain (2x).

6. Als sich der Sturm am Ende legte,
da fuhr das Schiff so schnell und leicht.
So haben alle, die dabei war'n,
gesund ihr Heimatland erreicht.
Refrain.

Spielanregung - das können wir anderen vorspielen:
Wir rudern im schwer beladenen Schiff.
Einige von uns können auch wilde Wellen darstellen. Wenn die See stürmisch wird, dann werden die Wellen immer größer und machen gewaltigen Lärm.
Da rudern die Wikinger immer fester und schneller.
Wenn sie nicht mehr können, werfen sie alle ihre geraubten Schätze ins Meer.
Die Wellen werden ruhiger und kleiner. Nun können sie endlich weiterrudern.

(Hinweis: Strophe 6 ist auf der CD-Aufnahme nicht enthalten!)

Das Ruderlied

Text: Rolf Krenzer/Musik: Martin Göth

2. Wer Kraft in seinen Armen hat,
das ist der rechte Mann,
der mit uns übers weite Meer
nach Nordland fahren kann.

3. Wer Kraft in seinem Rücken hat,
das ist der rechte Mann,
der mit uns übers weite Meer
nach Nordland fahren kann.

4. Wer Kraft in seinen Muskeln hat....
5. Wer Kraft in seinen Waden hat....

Spielanregung: Wir setzen uns ganz dicht hintereinander und spreizen unsere Beine nach beiden Seiten. Vor uns sitzt ein Spieler uns zugewandt und klatscht oder schlägt den Rhythmus, nach dem wir mit beiden ausgestreckten Armen rudern. Unser Rudern wird von Strophe zu Strophe schneller.
Plötzlich ruft einer: „Achtung! Ein Eisberg voraus!"
Da stoppen wir. Wir rudern etwas zurück und fahren dann in die andere Richtung weiter, zunächst langsam, dann wieder schneller.

Ein König baute ein großes Schiff

Text: Rolf Krenzer/Melodie: Martin Göth

1. Der König baute ein großes Schiff. Hohe, hohe, hohe! Und als das Schiff dann ins Wasser glitt, da nahm er all seine Männer mit, hohe, hohe, hohe, zu der Reise über die See, hohe, hohe, hohe, zu der Reise über die See.

2. Die Frauen blieben am Strand zurück. Ho-he, ho-he, ho-he!
Dort standen sie, und sie winkten stumm, doch keiner der Männer sah sich um,
ho-he, ho-he, ho-he, vor der Reise über die See,
ho-he, ho-he, ho-he, vor der Reise über die See.

3. Der König blieb neunzig Tage fort. Ho-he, ho-he, ho-he!
Die Kinder sah man am Strand oft stehn, um weit übers wilde Meer zu spähn,
ho-he, ho-he, ho-he, doch kein Segel war dort zu sehn,
ho-he, ho-he, ho-he, doch kein Segel war dort zu sehn.

4. Doch einmal kehrte das Schiff zurück. Ho-he, ho-he, ho-he!
Da kam das Schiff übers Wasser her mit Gold und Silber und noch viel mehr,
ho-he, ho-he, ho-he, von der Reise über die See,
ho-he, ho-he, ho-he, von der Reise über die See.

5. Der König stand an dem großen Mast. Ho-he, ho-he, ho-he!
Er rief: „Der Schatz bleibt für immer hier. Nicht einen Krieger verloren wir,
ho-he, ho-he, ho-he, bei der Reise über die See,
ho-he, ho-he, ho-he, bei der Reise über die See!"

Mittsommernacht

Text: Rolf Krenzer/Musik: Martin Göth

2. Wir tragen Holz auf einen Stoß
und stecken ihn dann an.
Das Sonnwendfeuer wird so groß
und brennt so hell es kann.

3. Das Sonnwendfeuer leuchtet weit,
die Nacht ist voller Licht.
Im Winter in der Dunkelheit
vergesst den Sommer nicht!

Die CD zum Buch
(enthält u.a. alle Lieder aus diesem Liederbuch):

Rolf Krenzer/Martin Göth:
Lieder und Geschichten von den kleinen Wikingern
Mit Rolf Krenzer und Martin Göth auf Entdeckungsreise in die Welt der Wikinger

Die kleinen Wikinger - Neuausgabe der Edition SEEBÄR-Musik Stephen Janetzko:

Über die CD: Von Olli, Thorolf, Sigurd, Helga und ihren Freunden am Wikingerhof, vom Bau des Schiffs "Drachenschlange", von der Begegnung mit den gefährlichen Wölfen, von langen und dunklen Wintertagen und vom Sonnwendfeuer, aber auch von Not und von Beutezügen - von diesem und vielem mehr erzählt Rolf Krenzer (1936-2007).
Er beschreibt das Leben der kleinen und großen Wikinger für Kinder und aus der Perspektive der Kinder.
Die eingängigen Piraten-, Seeräuber- und Wikingerlieder, die der bekannte Regensburger Domspatz und Kinderliedermacher Martin Göth komponiert hat, laden die Zuhörer zum Mitsingen und Mitmachen ein und runden diese erste Begegnung mit der faszinierenden Welt der Wikinger ab.
Extra: Bonusmaterial - Alle Noten, Texte & Gitarrengriffe sind als PDF-Dateien als CD-Extra auf der CD enthalten.

Alterszielgruppe ca. ab 3-10 Jahre, ideal 5-8 Jahre / Spieldauer ca. 1 Stunde
Bestellnummer 91033-249 - ISBN 978-3-940918-94-9
INFO & SHOP: **www.kinderliederhits.de** - © SEEBÄR-Musik (Labelcode LC 05037)

WEITERE BÜCHER IM VERLAG STEPHEN JANETZKO (u.a.):

- Rolf Krenzer/Martin Göth:
Ritter-Lieder - 10 wunderschöne neue Ritter-Lieder für Kinder zum Mitsingen, Tanzen und Bewegen:
Das Liederbuch mit allen Texten, Noten und Gitarrengriffen zum Mitsingen und Mitspielen-
ISBN 978-3-95722-081-3

- Rolf Krenzer/Stephen Janetzko:
Indianer-Lieder - 10 wunderschöne neue Indianer-Lieder für Kinder zum Mitsingen, Tanzen und Bewegen:
Das Liederbuch mit allen Texten, Noten und Gitarrengriffen zum Mitsingen und Mitspielen-
ISBN 978-3-95722-080-6

- Stephen Janetzko:
Stark wie ein Baum - Frühling, Natur, Ostern, Walpurgisnacht, Muttertag:
Das Liederbuch mit allen Texten, Noten und Gitarrengriffen zum Mitsingen und Mitspielen-
ISBN 978-3-95722-079-0

- Christa Baumann/Stephen Janetzko:
Früchte, Früchte, Früchte - Basteln, Spielen und Experimentieren rund um Natur, Obst, Kräuter und Rohkost.
Mit 30 einfachen Liedern, Rezepten, Geschichten und vielen Kreativideen -
ISBN 978-3-95722-051-3

- Kati Breuer & Stephen Janetzko:
Polonäse - Neue Kinderlieder zum Ankommen, Bewegen, Mitmachen, Ausruhen und Tschüs sagen:
Das Liederbuch mit allen Texten, Noten und Gitarrengriffen zum Mitsingen und Mitspielen-
ISBN 978-3-95722-071-4

- Kati Breuer:
Piepmatzlieder - 25 frische Singhits für fröhliche Kinder zum Schaukeln, Trippeln, Stampfen und Zappeln:
Das Liederbuch mit allen Texten, Noten und Gitarrengriffen zum Mitsingen und Mitspielen -
ISBN 978-3-95722-078-3

- Christina Klenz:
Gute Nacht, flüstert die Elfe: Eine zauberhafte Einschlafgeschichte mit Fantasiereise -
ISBN 978-3-95722-077-6

- Stephen Janetzko:
Es schneit, es schneit, es schneit! – Ein Schnee-und-Winter-Lieder-Buch:
Das Liederbuch mit allen Texten, Noten und Gitarrengriffen zum Mitsingen und Mitspielen (Viele neue Schnee-Lieder für Winter und Fasching) -
ISBN 978-3-95722-076-9

- Christa Baumann/Stephen Janetzko:
Und wieder brennt die Kerze - Das große Mitmach-Buch für Advent und Weihnachten:
Mit 25 einfachen Liedern, Kreativideen, Rezepten, Geschichten und tollen Winter-Aktionen -
ISBN 978-3-95722-068-4

- Stephen Janetzko:
Augen Ohren Nase - Neue Mitmach-, Lern- und Spielkreis-Lieder von Stephen Janetzko:
Das Liederbuch mit allen Texten, Noten und Gitarrengriffen zum Mitsingen und Mitspielen -
ISBN 978-3-95722-070-7

- Stephen Janetzko:
Das Licht einer Kerze - Die 25 schönsten Weihnachtslieder:
Das Liederbuch mit allen Texten, Noten und Gitarrengriffen zum Mitsingen und Mitspielen -
ISBN 978-3-95722-067-7

- Stephen Janetzko:
Der Herbst ist da - Die 25 schönsten Herbstlieder:
Das Liederbuch mit allen Texten, Noten und Gitarrengriffen zum Mitsingen und Mitspielen -
ISBN 978-3-95722-065-3

- Christa Baumann/Stephen Janetzko:
Ein bisschen so wie Martin - Das große Kindergarten-Buch für Herbst und Sankt Martin:
Mit 25 bekannten und neuen Liedern fürs Laternenfest, vielen Geschichten und tollen Herbst-Aktionen -
ISBN 978-3-95722-064-6

- Stephen Janetzko:
Sankt Martin ritt durch Schnee und Wind - Die 25 schönsten Laternenlieder:
Das Liederbuch mit allen Texten, Noten und Gitarrengriffen zum Mitsingen und Mitspielen -
ISBN 978-3-95722-061-5

- Christa Baumann/Stephen Janetzko:
Indianer - Das große Lieder-Geschichten-Spiele-Bastelbuch.
Singen, reiten, kochen, erzählen, tanzen, feiern, trommeln und kreativ sein mit vielen tollen und einfachen Indianer-Aktionen für Kinder-
ISBN 978-3-95722-060-8

Zu allen Büchern sind begleitende CDs separat erhältlich!

... mehr Info, mehr CDs, mehr Lieder & Noten: www.kinderliederhits.de

Alle Rechte vorbehalten.

Dieses Werk ist urheberrechtlich geschützt. Jegliche Vervielfältigung und Verwertung ist nur mit Zustimmung der Autoren bzw. des Verlags zulässig. Das gilt insbesondere für Übersetzungen, die Einspeicherung und Verarbeitung in elektronischen Systemen sowie für das öffentliche Zugänglichmachen wie zum Beispiel über das Internet.
Ein Nachdruck oder eine Weiterverwertung ist nur mit schriftlicher Genehmigung des Verlags möglich.

© Verlag Stephen Janetzko, **www.kinderliederhits.de**

www.ingramcontent.com/pod-product-compliance
Lightning Source LLC
Chambersburg PA
CBHW081504040426

42446CB00016B/3393